ANDRÉA JOURDAN

Complètement SMOOTHIES

LES ÉDITIONS DE L'HOMME
Une société de Québecor Média

Design graphique : Josée Amyotte
Infographie : Chantal Landry, Johanne Lemay
Révision : Lucie Desaulniers
Correction : Sylvie Massariol
Photographies : Philip Jourdan

DISTRIBUTEUR EXCLUSIF :
Pour le Canada et les États-Unis :
MESSAGERIES ADP*
2315, rue de la Province
Longueuil, Québec J4G 1G4
Téléphone : 450-640-1237
Télécopieur : 450-674-6237
Internet : www.messageries-adp.com
* filiale du Groupe Sogides inc.,
  filiale de Québecor Média inc.

Suivez-nous sur le Web

Consultez nos sites Internet et inscrivez-vous
à l'infolettre pour rester informé en tout
temps de nos publications et de nos concours
en ligne. Et croisez aussi vos auteurs préférés
et notre équipe sur nos blogues !

EDITIONS-HOMME.COM
EDITIONS-JOUR.COM
EDITIONS-PETITHOMME.COM
EDITIONS-LAGRIFFE.COM

Imprimé en Chine

03-13

© 2013, Les Éditions de l'Homme,
division du Groupe Sogides inc.,
filiale de Québecor Média inc.
(Montréal, Québec)

Tous droits réservés

Dépôt légal : 2013
Bibliothèque et Archives nationales du Québec

ISBN 978-2-7619-3462-6

Gouvernement du Québec – Programme de crédit
d'impôt pour l'édition de livres – Gestion SODEC –
www.sodec.gouv.qc.ca

L'Éditeur bénéficie du soutien de la Société de
développement des entreprises culturelles du Québec
pour son programme d'édition.

Conseil des Arts   Canada Council
du Canada   for the Arts

Nous remercions le Conseil des Arts du Canada de
l'aide accordée à notre programme de publication.

Nous reconnaissons l'aide financière du gouvernement
du Canada par l'entremise du Fonds du livre du Canada
pour nos activités d'édition.

Table des matières

Smoothie à l'orange et à la cardamome

PORTIONS : 2   **PRÉPARATION** : 5 min

4 oranges, pelées et coupées en quartiers

250 ml (1 tasse) de jus d'orange

1 banane, pelée

1 c. à soupe de zeste d'orange

1 c. à café de cardamome, moulue

1 tasse (250 ml) de cubes de glace

60 ml (¼ tasse) de lait de soya

Dans un mélangeur, mettre les quartiers d'orange, le jus d'orange, la banane et le zeste d'orange. Mélanger 30 secondes à vitesse moyenne.

Ajouter la cardamome, les cubes de glace et le lait de soya. Mélanger 1 minute à haute vitesse.

Verser dans des verres et servir immédiatement.

Smoothie à la banane, à la poire et au Nutella

PORTIONS: 4   **PRÉPARATION:** 3 min

4 bananes, pelées

2 poires, mûres et pelées

4 c. à soupe de pâte de noisettes de type Nutella

500 ml (2 tasses) de lait

Dans un mélangeur, mettre les bananes et les poires. Mélanger 30 secondes à vitesse moyenne.

Ajouter la pâte de noisettes. Mélanger 30 secondes à vitesse moyenne.

Ajouter le lait. Mélanger 2 minutes à haute vitesse.

Verser dans des verres et servir immédiatement.

Smoothie à la banane et au sirop d'érable

PORTIONS: 2   **PRÉPARATION:** 3 min

2 bananes mûres, pelées

125 ml (½ tasse) de sirop d'érable

250 ml (1 tasse) de yogourt nature

¼ c. à café de muscade, râpée

125 ml (½ tasse) de jus d'orange

2 c. à soupe de muesli

Dans un mélangeur, mettre les bananes et le sirop d'érable. Mélanger 30 secondes à vitesse moyenne.

Ajouter le yogourt, la muscade et le jus d'orange. Mélanger 2 minutes à haute vitesse.

Verser dans des verres. Garnir de muesli et servir immédiatement.

Smoothie à la carotte et aux pêches blanches

PORTIONS: 2 **PRÉPARATION:** 4 min

3 pêches blanches, pelées

250 ml (1 tasse) de jus de carotte

1 c. à café de stevia en poudre (ou de sucre)

3 c. à soupe de yogourt nature

125 ml (½ tasse) de compote de pomme

125 ml (½ tasse) de cubes de glace

Dans un mélangeur, mettre les pêches, le jus de carotte et le stevia. Mélanger 30 secondes à vitesse moyenne.

Ajouter le yogourt et la compote de pomme. Mélanger 2 minutes à haute vitesse.

Ajouter les cubes de glace. Mélanger 1 minute à haute vitesse.

Verser dans des verres et servir immédiatement.

Smoothie à la cerise et au lait d'amande

PORTIONS: 2　**PRÉPARATION:** 3 min

450 g (3 ¼ tasses) de cerises, dénoyautées

250 ml (1 tasse) de lait d'amande

2 c. à soupe de sirop d'orgeat (ou de sucre)

Dans un mélangeur, mettre les cerises, le lait d'amande et le sirop d'orgeat. Mélanger 30 secondes à vitesse moyenne.

Augmenter la puissance et mélanger 2 minutes.

Verser dans des verres et servir immédiatement.

NOTE: On trouve le sirop d'orgeat (*barley water* en anglais) dans les épiceries fines et les supermarchés. On l'utilise en pâtisserie ou pour parfumer l'eau et les cocktails.

Smoothie à la fraise, à la pêche et au basilic

PORTIONS: 2   **PRÉPARATION:** 3 min   **MACÉRATION:** 1 h

12 grandes feuilles de basilic

250 ml (1 tasse) de nectar de pêche

450 g (3 ¼ tasses) de fraises

1 pêche, pelée et dénoyautée

125 ml (½ tasse) de lait de riz

Dans un bol, mettre 6 feuilles de basilic déchiquetées et le nectar de pêche. Faire macérer pendant 1 heure. Retirer les feuilles de basilic et les jeter.

Dans un mélangeur, mettre le nectar de pêche, le reste des feuilles de basilic, les fraises et la pêche. Mélanger 30 secondes à vitesse moyenne.

Augmenter la puissance et mélanger encore 1 minute.

Ajouter le lait de riz et mélanger 1 minute à haute vitesse.

Verser dans des verres et servir immédiatement.

Smoothie à la fraise, au babeurre et au sucre d'érable

PORTIONS: 2   **PRÉPARATION:** 4 min

450 g (3 tasses) de fraises

3 c. à soupe de sucre d'érable

125 ml (½ tasse) de sirop
de fraise

250 ml (1 tasse) de babeurre

250 ml (1 tasse) de lait

Dans un mélangeur, mettre les fraises,
le sucre d'érable et le sirop de fraise. Mélanger
1 minute à vitesse moyenne.

Ajouter le babeurre et le lait. Mélanger
2 minutes à haute vitesse.

Verser dans des verres et servir
immédiatement.

Smoothie à la fraise et à la rhubarbe

PORTIONS: 4   **PRÉPARATION:** 4 min

750 g (5 tasses) de fraises

1 tasse (250 ml) de compote de rhubarbe

1 c. à café de zeste de citron

125 ml (½ tasse) de sirop de fraise

500 ml (2 tasses) de sorbet à la fraise

250 ml (1 tasse) de yogourt à la vanille

250 ml (1 tasse) de cubes de glace

Dans un mélangeur, mettre les fraises, la compote de rhubarbe et le zeste de citron. Mélanger 30 secondes à vitesse moyenne.

Ajouter le sirop de fraise, le sorbet et le yogourt. Mélanger 2 minutes à haute vitesse.

Ajouter la moitié des cubes de glace et mélanger 1 minute.

Transférer la préparation dans un grand pichet. Ajouter le reste des cubes de glace et servir immédiatement.

Smoothie à la framboise, à l'avocat et à la coriandre

PORTIONS: 2   **PRÉPARATION:** 3 min

225 g (1 ¾ tasse) de
  framboises
1 avocat, pelé et dénoyauté
2 c. à soupe de sucre
250 ml (1 tasse) de jus
  d'orange
250 ml (1 tasse) de lait de riz

Dans un mélangeur, mettre les framboises, l'avocat et le sucre. Mélanger 30 secondes à vitesse moyenne.

Ajouter le jus d'orange et le lait de riz. Mélanger 2 minutes à haute vitesse.

Verser dans des verres et servir immédiatement.

Smoothie à la framboise, à la canneberge et à la vanille

PORTIONS: 2 **PRÉPARATION:** 6 min

450 g (3 ⅔ tasses) de framboises

125 g (1 ¼ tasse) de canneberges surgelées

250 g (9 oz) de tofu soyeux

1 gousse de vanille

250 ml (1 tasse) de jus de canneberge

3 c. à soupe de miel

125 ml (½ tasse) de purée de pomme

Dans un mélangeur, mettre les framboises, les canneberges et le tofu. Mélanger 1 minute à vitesse moyenne.

Augmenter la puissance et mélanger 1 minute encore.

À l'aide d'un petit couteau, fendre la gousse de vanille sur le long. Retirer les graines de la gousse et les ajouter à la préparation de fruits. Mélanger 15 secondes.

Ajouter le jus de canneberge, le miel et la purée de pomme. Mélanger 2 minutes à haute vitesse.

Verser dans des verres et servir immédiatement.

Smoothie à la framboise, à la poire et au thym

PORTIONS: 2 **PRÉPARATION:** 4 min

4 demi-poires au sirop
(en conserve)

250 g (2 tasses) de
framboises

1 c. à café de feuilles de thym
frais

500 ml (2 tasses) de lait
de soya

Dans un mélangeur, mettre les poires, les framboises et le thym. Mélanger 1 minute à vitesse moyenne.

Augmenter la puissance et mélanger 1 minute encore.

Ajouter le lait de soya. Mélanger 2 minutes à haute vitesse.

Verser dans des verres et servir immédiatement.

Smoothie à la grenade, aux raisins et à la pomme

PORTIONS: 2   **PRÉPARATION:** 4 min

- 125 ml (½ tasse) de compote de pomme
- 2 c. à soupe de grains de grenade
- 3 c. à soupe de sucre
- 125 ml (½ tasse) de yogourt nature
- 250 ml (1 tasse) de jus de grenade
- 125 ml (½ tasse) de jus de raisin

Dans un mélangeur, mettre la compote de pomme, les grains de grenade et le sucre. Mélanger 30 secondes à vitesse moyenne.

Ajouter le yogourt. Mélanger 1 minute à haute vitesse.

Ajouter le jus de grenade et le jus de raisin. Mélanger 2 minutes à haute vitesse.

Verser dans des verres et servir immédiatement.

Smoothie à la papaye, au citron vert et à la fraise

PORTIONS: 2   **PRÉPARATION:** 3 min

½ papaye, pelée et égrenée

225 g (1 ½ tasse) de fraises

4 c. à soupe de jus
de citron vert

1 c. à soupe de zeste
de citron vert

½ banane, pelée

2 c. à soupe de sucre

250 ml (1 tasse) de lait de riz

Dans un mélangeur, mettre la papaye, les fraises, le jus et le zeste de citron vert, la banane et le sucre. Mélanger 1 minute à vitesse moyenne.

Ajouter le lait de riz. Mélanger 2 minutes à haute vitesse.

Verser dans des verres et servir immédiatement.

Smoothie à la pêche, à la poire et à la menthe

PORTIONS: 2   **PRÉPARATION:** 3 min

4 pêches, pelées et dénoyautées

4 demi-poires au sirop (en conserve)

125 ml (½ tasse) de nectar de pêche

2 c. à café de menthe, hachée

¼ c. à café de poivre moulu

250 ml (1 tasse) de lait de soya

Dans un mélangeur, mettre les pêches, les poires, le nectar de pêche et la menthe. Mélanger 30 secondes à vitesse moyenne.

Ajouter le poivre et le lait de soya. Mélanger 2 minutes à haute vitesse.

Verser dans des verres et servir immédiatement.

Smoothie à la poire, au chocolat et aux amandes

PORTIONS: 2   **PRÉPARATION:** 3 min

4 demi-poires au sirop
  (en conserve)

½ banane, pelée

3 c. à soupe de beurre
  d'amande

500 ml (2 tasses) de lait
  au chocolat

Dans un mélangeur, mettre les poires, la banane et le beurre d'amande. Mélanger 30 secondes à vitesse moyenne.

Ajouter le lait au chocolat. Mélanger 2 minutes à haute vitesse.

Verser dans des verres et servir immédiatement.

Smoothie à la tomate, à la mangue et à la roquette

PORTIONS: 2   **PRÉPARATION:** 3 min

3 tomates mûres

50 g (2 ½ tasses) de roquette

¼ c. à café de sel de céleri

1 pincée de poivre

125 ml (½ tasse) de yogourt
    nature

125 ml (½ tasse) de jus
    de tomate

½ c. à café de zeste de citron

Dans un mélangeur, mettre les tomates, la roquette, le sel de céleri et le poivre. Mélanger 30 secondes à vitesse moyenne.

Ajouter le yogourt, le jus de tomate et le zeste de citron. Mélanger 2 minutes à haute vitesse.

Verser dans des verres et servir immédiatement.

Smoothie au chocolat et à la menthe (la sauterelle)

PORTIONS: 2 **PRÉPARATION:** 5 min

250 ml (1 tasse) de yogourt nature

125 ml (½ tasse) de lait au chocolat

2 c. à soupe de cacao en poudre

4 c. à soupe de sirop de menthe

125 ml (½ tasse) de yogourt à la vanille

1 c. à soupe de menthe hachée

Dans un mélangeur, mettre le yogourt nature, le lait au chocolat et le cacao en poudre. Mélanger 1 minute à vitesse moyenne.

Transférer la préparation dans des verres.

Rincer le mélangeur et y mettre le sirop de menthe, le yogourt à la vanille et la menthe hachée. Mélanger 2 minutes à haute vitesse.

Verser délicatement cette préparation à la menthe sur la préparation au chocolat et servir immédiatement.

Smoothie au concombre, abricot et pousses de radis

PORTIONS: 2   **PRÉPARATION:** 4 min

6 abricots frais

1 petit concombre, non pelé

20 g (½ tasse) de pousses de radis

250 ml (1 tasse) de jus d'orange

250 ml (1 tasse) de cubes de glace

Dans un mélangeur, mettre les abricots, le concombre et les pousses de radis. Mélanger 1 minute à vitesse moyenne.

Ajouter le jus d'orange. Mélanger 2 minutes à haute vitesse.

Ajouter les cubes de glace. Mélanger 30 secondes à haute vitesse.

Verser dans des verres et servir immédiatement.

Smoothie au kiwi, à l'avocat et au cresson

PORTIONS: 3 **PRÉPARATION:** 3 min **RÉFRIGÉRATION:** 30 min

3 kiwis, pelés

1 avocat, pelé et dénoyauté

40 g (1 ¼ tasse) de pousses de cresson

250 ml (1 tasse) de jus de pomme, froid

1 c. à soupe de graines de chanvre

Mélanger tous les ingrédients au mélangeur pendant 30 secondes, à vitesse moyenne.

Augmenter la puissance et mélanger encore 2 minutes. Réfrigérer 30 minutes.

Verser dans des verres et servir immédiatement.

Smoothie au kiwi, au pamplemousse et au miel

PORTIONS: 2   **PRÉPARATION:** 4 min

2 kiwis, pelés

2 pamplemousses, pelés à vif

1 orange, pelée à vif

1 c. à soupe de miel

250 ml (1 tasse) de lait
    de soya

Dans un mélangeur, mettre les kiwis, les pamplemousses, l'orange et le miel. Mélanger 1 minute à vitesse moyenne.

Ajouter le lait de soya. Mélanger 2 minutes à haute vitesse.

Verser dans des verres et servir immédiatement.

Smoothie au melon, à la mangue et au gingembre

PORTIONS: 2   **PRÉPARATION:** 4 min

1 petit melon cantaloup, pelé et épépiné

1 grosse mangue, pelée et dénoyautée

2 cm (¾ po) de racine de gingembre frais

250 ml (1 tasse) de yogourt nature

2 c. à soupe de sucre

Dans un mélangeur, mettre le cantaloup, la mangue et le gingembre. Mélanger 1 minute à vitesse moyenne.

Ajouter le yogourt et le sucre. Mélanger 3 minutes à haute vitesse.

Verser dans des verres et servir immédiatement.

Smoothie au melon d'eau et à la crème vanillée

PORTIONS: 2 **PRÉPARATION:** 8 min **RÉFRIGÉRATION:** 2 h

450 g (3 tasses) de melon d'eau (pastèque)

3 c. à soupe de sucre

1 blanc d'œuf

125 ml (½ tasse) de crème à fouetter 35 %, froide

½ c. à café de grains de vanille

Dans un mélangeur, mettre la chair du melon d'eau, le sucre, le blanc d'œuf et la crème. Mélanger 2 minutes à haute vitesse.

Transférer dans un grand bol et réfrigérer 2 heures.

Retirer le bol du réfrigérateur. Verser la moitié de la préparation dans des verres.

Ajouter les grains de vanille au reste de la préparation. À l'aide d'un batteur électrique, fouetter ce mélange pendant 4 minutes pour obtenir une mousse épaisse.

À la cuillère, déposer la mousse de melon sur la préparation dans les verres. Servir immédiatement.

Smoothie au thé matcha, à l'ananas et au lait de coco

PORTIONS: 2 **PRÉPARATION:** 3 min

125 ml (½ tasse) de lait de coco

6 tranches d'ananas au sirop (en conserve)

2 c. à café de thé matcha en poudre

125 ml (½ tasse) de sirop d'ananas

4 c. à soupe de yogourt nature

Dans un mélangeur, mettre le lait de coco, les ananas et le thé. Mélanger 1 minute à vitesse moyenne.

Ajouter le sirop d'ananas et le yogourt. Mélanger 2 minutes à haute vitesse.

Verser dans des verres et servir immédiatement.

Smoothie aux bleuets, aux litchis et au miel

PORTIONS: 2   **PRÉPARATION:** 3 min

225 g (1 ½ tasse) de bleuets

10 litchis en conserve

250 g (1 tasse) de fromage blanc

125 ml (½ tasse) de lait d'amande

125 ml (½ tasse) de jus de litchi en conserve

1 c. à soupe de miel

Dans un mélangeur, mettre les bleuets, les litchis et le fromage blanc. Mélanger 30 secondes à vitesse moyenne.

Ajouter le lait d'amande, le jus de litchi et le miel. Mélanger 2 minutes à haute vitesse.

Verser dans des verres et servir immédiatement.

Smoothie aux fruits exotiques et au lait de coco

PORTIONS: 2   **PRÉPARATION:** 3 min

1 mangue, pelée

2 tranches d'ananas au sirop (en conserve)

½ banane, pelée

125 ml (½ tasse) de lait de coco

250 ml (1 tasse) de nectar de mangue

125 ml (½ tasse) de sirop de fruit de la passion

Dans un mélangeur, mettre la mangue, les ananas et la banane. Mélanger 30 secondes à vitesse moyenne.

Ajouter le lait de coco, le nectar de mangue et le sirop de fruit de la passion. Mélanger 2 minutes à haute vitesse.

Verser dans des verres et servir immédiatement.

Smoothie aux marrons, au malt et au chocolat

PORTIONS: 2   **PRÉPARATION:** 4 min

250 g (1 tasse) de purée de marrons

125 ml (½ tasse) de sirop de chocolat

2 c. à café de poudre de malt (Ovaltine)

500 ml (2 tasses) de lait

Dans un mélangeur, mettre la purée de marrons, le sirop de chocolat et la poudre de malt. Mélanger 1 minute à vitesse moyenne.

Ajouter le lait. Mélanger 3 minutes à haute vitesse.

Verser dans des verres et servir immédiatement.

Smoothie aux mûres et à la camomille

PORTIONS: 2   **PRÉPARATION:** 5 min   **INFUSION:** 1 h

125 g (⅔ tasse) de sucre

500 ml (2 tasses) d'eau

3 sachets de tisane à la camomille naturelle

250 g (2 tasses) de mûres

2 c. à soupe de crème à fouetter 35 %

125 ml (½ tasse) de yogourt à la mûre

Dans une casserole à feu moyen, faire fondre le sucre dans l'eau. Porter à ébullition. Ajouter les sachets de tisane. Retirer du feu. Laisser infuser 1 heure. Retirer les sachets de l'eau.

Dans un mélangeur, verser le sirop de camomille. Ajouter les mûres. Mélanger 30 secondes à vitesse moyenne.

Ajouter la crème et le yogourt. Mélanger 2 minutes à haute vitesse.

Verser dans des verres et servir immédiatement.

Smoothie aux raisins, à la pomme et au romarin

PORTIONS: 2   **PRÉPARATION:** 3 min

250 ml (1 tasse) de compote
    de pomme

250 g (2 ¾ tasses) de raisins
    frais, sans pépins

½ c. à café de romarin frais

250 ml (1 tasse) de jus
    de pomme

2 c. à soupe de miel

3 c. à soupe de mascarpone

Dans un mélangeur, mettre la compote de pomme, les raisins et le romarin. Mélanger 30 secondes à vitesse moyenne.

Ajouter le jus de pomme, le miel et le mascarpone. Mélanger 2 minutes à haute vitesse.

Verser dans des verres et servir immédiatement.

Smoothie cappuccino

PORTIONS : 2   **PRÉPARATION :** 6 min

125 ml (½ tasse) de café fort
(ou 2 c. à soupe de café
espresso soluble)

125 ml (½ tasse) de crème
légère 15 %

250 ml (1 tasse) de yogourt
au café

250 ml (1 tasse) de cubes
de glace

Sucre, au goût

250 ml (1 tasse) de lait
(facultatif)

Dans un mélangeur, mettre le café, la crème
et le yogourt. Mélanger 1 minute à vitesse
moyenne.

Ajouter les cubes de glace et du sucre.

Mélanger 2 minutes à haute vitesse.

Verser dans des verres.

Faire mousser le lait dans un mousseur à lait.
Verser la mousse sur le smoothie et servir
immédiatement.

Smoothie *popsicle* exotique

PORTIONS: 4   **PRÉPARATION:** 10 min   **CONGÉLATION:** 24 h

2 grosses mangues, ~~es et~~ dénoyautées

1 grosse banane

250 ml (1 tasse) ~~de~~ de mangue

125 ml (½ tasse) de à la mangue

125 g (1 tasse) de fram fraîches

Dans un mélangeur, mettre les mangues et la banane. Mélanger 30 secondes à vitesse moyenne.

Ajouter le nectar de mangue et le yogourt à la mangue. Mélanger 2 minutes à haute vitesse.

Transférer dans des moules à sucettes glacées (*popsicles*) en les remplissant aux trois quarts. Ajouter les framboises, en poussant délicatement. Insérer les bâtonnets dans chaque moule. Congeler 24 heures.

Retirer du congélateur et servir immédiatement.

Dans la même collection

Complètement
LIMONADES

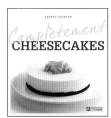

Complètement
CHEESECAKES

Complètement
CRU

Complètement
QUINOA

Complètement
TOMATES

Complètement
SALADES

Complètement
TARTARES

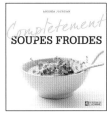

Complètement
SOUPES FROIDES

Complètement
CREVETTES

Aussi disponibles en version numérique

Complètement
Biscuits ▪ Cheesecakes ▪ Crème glacée ▪ Crêpes ▪ Crevettes ▪ Cru ▪ Desserts en pots ▪ Lasagnes
Limonades ▪ Poulet ▪ Quinoa ▪ Risotto ▪ Salades ▪ Saumon ▪ Smoothies ▪ Soupes d'automne
Soupes froides ▪ Tajines ▪ Tartares ▪ Tomates

Absolutely...
Autumn Soups ▪ Cheesecake ▪ Chicken ▪ Cold Soups ▪ Cookies ▪ Crepes
Desserts In A Jar ▪ Ice Cream ▪ Lasagna ▪ Lemonade ▪ Quinoa ▪ Raw ▪ Risotto
Salads ▪ Salmon ▪ Shrimp ▪ Smoothies ▪ Tajine ▪ Tartare ▪ Tomatoes